Heinz Grill

Die Orientierung und Zielsetzung des »Yoga aus der Reinheit der Seele«

D1724238

Heinz Grill

Die Orientierung und Zielsetzung des »Yoga aus der Reinheit der Seele«

Eine exoterische Arbeitsgrundlage

Anschrift in Österreich:
Spirituelle Besinnungsstätte
Haus Wilhelmine
Dorf 63
A-6323 Bad Häring

Die Deutsche Bibliothek – CIP-Einheitsaufnahme
Grill, Heinz
Die Orientierung und Zielsetzung des
»Yoga aus der Reinheit der Seele«:
Eine exoterische Arbeitsgrundlage /
Heinz Grill. –
Soyen: Verl. für Schriften von Heinz Grill, 1998
ISBN 3-9805742-8-8

Vochezer-Druck
D-83368 St. Georgen

Inhalt

Die Orientierung und Zielsetzung des »Yoga aus der Reinheit der Seele«

Eine exoterische Arbeitsgrundlage

Der Begriff »exoterisch« beschreibt nach der üblichen Definition eine religiöse Grundlage, die für alle Menschen und allgemein für die Öffentlichkeit bestimmt ist. Es ist der Begriff, der eine natürliche Weite beschreibt. In einem gewissen Gegensatz liegt hier der Begriff »esoterisch«, der für eine religiöse Disziplin gebraucht wird, die nur für bestimmte vorbereitete Menschen gültig ist. Es ist der Weg der Einweihung in eine ganz andersartige Wirklichkeitsform.

Der Begriff »esoterisch« hat in den letzten Jahrzehnten eine sehr vielseitige profane Bedeutung erhalten und wurde mit einer breiten Schicht von Methoden, Übungen, Bewegungen, Ritualen, Gebräuchen und Techniken so in das herkömmliche Leben der Allgemeinheit hineingeführt, wie es dem Wesen des initiatorischen Lebens widerspricht. Mit dem Begriff »esoterisch« ist in der folgenden Darstellung nicht die profane Bedeutung gemeint, sondern tatsächlich die klassische Form von Einweihung in die Erfahrungen und Gedanken der geistigen Welten. In der Disziplin des Yoga wird aber eine sehr deutliche Trennung zwischen den Anteilen vorgenommen, die exoterisch sind, zu jenen, die esoterischen Charakter besitzen.

Ganz allgemein und um der Einfachheit willen kann am Anfang gesagt werden, daß jene originalen Schriften, die der »Yoga aus der Reinheit der Seele« besitzt, esoterischen und damit initiatorischen Charakter haben, während jedoch alle daraus gebildeten Unterrichtsformen und die Wege der Annäherung und Auseinandersetzung eine typisch exoterische Grundlage in ihrer Gestaltung besitzen. Ein Unterricht in diesem Yoga beinhaltet deshalb keine besonderen geheimnisvollen und mystischen Elemente, sondern einen natürlichen pädagogischen und wissenschaftlichen Grundton.

Die originalen Schriften und Inhalte, die zu dem Yoga niedergelegt sind, sind Meditationsschriften und können von der gegenwärtigen Wissenschaftsanalyse nicht erfaßt werden, denn sie sind größtenteils Beschreibungen einer anderen und höheren Wirklichkeit. Diese höhere Wirklichkeit ist nur durch eine sehr langsame Annäherung mit der Entwicklung einer ganzheitlichen und geisterfüllten Logik verständlich. Der ganz andere Anspruch der Inhalte, die in sich eine geschlossene Gedankenführung bilden, bedeutet jedoch nicht, daß sie deshalb falsch oder gar irrational wären, sie sind nur innerhalb der derzeitigen wissenschaftlichen Wege mit der intellektuell-analytischen Methode noch nicht nachvollziehbar.

Der Leser muß sich wohl gerade deshalb die Frage stellen, welchen Sinn dann die Schriften mit diesem nichtwissenschaftlichen und nichtanalytischen Charakter erfüllen. An einem kleinen Beispiel kann diese Bedeutung eine Erklärung erhalten. In den Ausführungen werden Seelenerlebnisse und verschiedene Hinweise auf die Existenz eines Seelenmysteriums gegeben. Der ganz andere Sinn der Angaben liegt in der Art und Weise, wie sie geschildert werden. In der Regel ist das konventionelle Wahrnehmen ganz an die Sinne und ihre Ausströmungen vom Leibe nach außen zu den verschiedenen Objekten gebunden. Diese Bewegungsrichtung der Sinne ermöglicht die bekannte wissenschaftliche Methode, die eine Beurteilungsfähigkeit im entsprechenden Maße nach der Fähigkeit der Analyse und der nachfolgend angestellten Schlußfolgerungen bringt. In den Schriften des »Yoga aus der Reinheit der Seele« kehrt sich aber die Zielrichtung des Denkens um und richtet sich etwa wie von einem Äußeren zu einem Inneren, von einem Objekt ausgehend zu dem persönlichen Bewußtsein. Es befindet sich in den Darstellungen die Atmosphäre einer geistigen Schau, die der leibfreien Seele entspricht. Das ist eine andere Realität, die den Stufen der Reinheit in den Himmelsregionen nahekommt und somit mit jener Logik auf das irdische Geschehen blickt, die gewöhnlich erst nach dem Tode frei wird. Wer die Schriften des Yoga studiert, übt sich in die jenseitigen ewigen

Gesetze des Lebens ein. Die wissenschaftliche Sicht unserer modernen Kultur geht von der Sinneswahrnehmung und von der erforschbaren Wirklichkeit aus. Die geistige Sichtweise jedoch geht von der Wirklichkeit eines kosmischen und ewigen Bewußtseins aus, in die sich die Seele erst nach dem Tode ganz hineingliedert. Dieses Reich nach dem Tode unterliegt einem anderen Wirklichkeitssinn und einer anderen Bewegungsrichtung des Denkens als es das diesseitige konventionelle Auffassen und Wahrnehmen erlebt.

Die exoterische Lehrgrundlage trennt ganz gezielt die wissenschaftlichen Fundamente, die ganz den Gesetzen der Kultur der Zeit, der Pädagogik, der verständlichen Darstellung und anschaulichen Lehrübermittelung entsprechen, von den Schriften, Erkenntnissen und Lehren, die aus der anderen Wirklichkeit hervortreten und damit eine geheimnisvolle, initiatorische und ungreifbare Wirkungsenergie besitzen.

Der übergeordnete Begriff »Yoga aus der Reinheit der Seele« verkündet aber nicht eine neue religiöse Bewegung, einen neuen Yoga mit alternativen Übungen und Maßstäben oder eine Glaubensgruppe, die sich auf ein Credo oder eine ideologisierte Welt der Zukunft ausrichtet, sondern die Bezeichnung will vielmehr jene innere Übungsdisziplin direkt im Worte beschreiben, die aus einem unterscheidenden Verständnis der verschiedenen Zusammenhänge von Leib und Seele entsteht. Aus dieser unterscheidenden Sichtweise ist nicht der physische Leib der primäre Ansatzpunkt, von dem ausgehend die Entwicklung in die höheren Erkenntnisse und Bewußtseinsebenen beginnt, es ist das Bewußtsein, das durch rechte Stimmungen, Gedanken und Übungsansätze zu einem höheren Niveau trainiert wird und das sich schließlich über den Körper, über die Sprache, die Gesten und Handlungen mit Weite, Schönheit oder Weisheit ausdrückt. Der Yoga betont die künstlerische und ästhetische Wesensseite und richtet sich mit all seinen verschiedenen Übungen mehr an die Entwicklung der sogenannten Seelenkräfte, namentlich an das

Denken, Fühlen und an den Willen, die in ihrer Kapazität erweitert, verfeinert und von Geistigkeit durchlichtet werden sollen. Wenn die Seelenkräfte primär angesprochen werden und nicht der Leib das Transportmittel zur Vervollkommnung ist, so ist dies im Yoga eine unmittelbare Ausdrucksart der Entwicklung und des Lernens. Diese primäre Betonung des Seelischen, der Wahrung und Achtung gegenüber einer geistigen Wirklichkeit und der Entwicklung der Seelenkräfte ist bezeichnend für den »Yoga aus der Reinheit der Seele«.

Dieser Übungsansatz unterscheidet sich sehr wesentlich von einem mystischen Weg und von jenen Yoga-Formen, die unter den meist etwas undeutlichen Begriffen »Hatha-Yoga« und »Kundalini-Yoga« zusammengefaßt werden. Ganz einfach, ohne fachterminale Zuordnung gesprochen, will der »Yoga aus der Reinheit der Seele« mehr die geistigen Anteile in der globalen Wesensnatur des Menschen stärken. Die geistigen und damit auch die neu zu individualisierenden Anteile sollen sich auf dem Entfaltungsweg immer mehr zu einer reiferen, stabileren und gleichzeitig geeinten Persönlichkeit erheben, so daß der Körper in seiner Dominanz mit seinen Ängsten und Beschwernissen zurückweicht und ein Licht des Individualisierten und gleichzeitig Unendlichen die Führung übernimmt.

Der Yoga ist nicht auf eine Gruppe von Menschen, die einen hohen Anspruch bewältigen wollen, ausgerichtet, sondern kann für alle Zielgruppen, Wege, Berufe und Entwicklungsdisziplinen angewendet werden. Die Disziplin ist nur ungeeignet für jene, die eine Selbstvervollkommnung als Entwicklungsnotwendigkeit leugnen und die eigene Ich-Identität nie in Frage stellen. Durch den allgemeinen bewußtseinshygienischen Charakter ist er nicht eine neue religiöse Bewegung oder eine Sparte innerhalb des vielseitigen und breiten Angebots von Yoga-Übungsweisen. Es erscheint aber dennoch erwähnenswert, daß der Weg des direkten Trainings der Seelenkräfte für die gegenwärtige Kultur und für den religiösen Geist der Zeit eher fremd und daher unfaßbar und schwierig erscheint. Aus diesem

Grunde wird er, äußerlich gesehen, noch wenig ergriffen und in die Tat umgesetzt.

Eine der wichtigen Voraussetzungen für den Beginn einer Yoga-Aktivität – sei sie mehr einfacher Art wie dies in Volkshochschulkursen der Fall ist, oder sei sie mehr im Sinne einer fachlichen Schulung mit inspirativen Schriften, wie sie in Bad Häring stattfindet – ist der geebnete Boden möglichst reiner und seriöser Bedingungen. Die reinen Bedingungen erscheinen wie eine Straße ohne Furchen und Gräben. So wie sich ein Fahrzeug leichter auf einer geebneten Straße bewegen kann, so kann sich der individuelle Sucher mit seinen Wahrnehmungen und Gefühlen innerhalb reiner Grundbedingungen und Grundmotive leichter zurechtfinden. Das Maß eines freien und für die Entwicklung verfügbaren Willens, die individuelle Natur des Gemütes und die möglichst wache Verstandesgegenwart werden durch die umliegenden Verhältnisse des Unterrichtsfeldes gefördert. Der Yoga sieht in seinem Anliegen eine Zielsetzung in der Reinheit des Bewußtseins, dessen Entwicklung jedoch nicht zu Lasten der individuellen Freiheit gehen soll, sondern sich auf einer geisteswissenschaftlichen Ebene von rechten und weiten Sichtweisen entfaltet.

Das Ziel im Yoga ist ganz allgemein gesprochen eine vollkommene Freiheit. Diese Freiheit, von der die Rede ist, könnte jedoch sehr leicht mißverständliche Formen annehmen und eine Art gefühlshafte Vitalität mit einem ekstatischen Lebensgefühl bedeuten, oder sie könnte eine heimliche Ich-Identität sein, die ausschließlich auf intellektuellen Wertmaßstäben und Wissensvergleichen beruht. Der Yoga sucht jedoch nicht diese äußeren Formen und Gefühle des sich Freifühlens, sondern eine Freiheit in dem sogenannten Selbst, im Yoga bezeichnet als der höchste *puruṣa*, in *manas*, dem Denken, in *buddhi*, dem Fühlen, in *ātman*, dem Willen. Jene Freiheit, die auf dem Wege entsteht und am Ende dominieren soll, ist von einer ganz anderen Leuchtkraft als jene, die am Anfang besteht. Der Übende bleibt in seinen Lebensverrichtungen, Arbeiten und Pflichten der gleiche, er bleibt unter

Umständen in seinen Gewohnheiten zuhause und verändert sein Leben nicht nach alternativen Grundsätzen, die einen östlichen oder weltanschaulichen Akzent tragen. Er wird nur einmal stärker und stabiler in seinem Seelenleben, das ihm in der Begegnung nach außen größere Freiheiten gewährt. Der Übende wird auch sich selbst gegenüber freier und kann kleinliche Sorgen, Ängste und Abhängigkeiten mehr als relative Begebenheiten des Daseins erkennen. Die Freiheit, die auf dem Entwicklungspfad entsteht, ist deshalb nicht von einer äußeren Natur, sie beruht auf der Beweglichkeit und Dynamik des Denkens, Fühlens und des Willens, die zu objektiven Seeleninstrumenten werden und von einem lichthaften Geist durchdrungen und bereichert werden. Ein neues und größeres Bewußtsein kommt zu dem bisherigen hinzu. Die Seele weitet sich über die herkömmlichen genetischen Grenzen zu einem größeren Umfassungsvermögen. So steht am Anfang jener Mensch, der im *karma* oder im Fleisch geboren ist, und am Ende jener, der im Geist oder in *puruṣa* geboren ist. Der Weg muß aber um des Gelingens willen vom Anfang bis zum Ende von sehr reinen Bedingungen geebnet und mit freien Entscheidungen und Schritten begangen werden.

Da diese individuelle Freiheit für die Entfaltung der Seelenkräfte in *manas, buddhi* und *ātman* von zentraler Bedeutung ist, wird sie in der personalen Begegnung mit einem Lehrer und in der gesamten Systematik eines Seminars, Lehrsystems oder einer Institution mit besonderer Sorgfalt berücksichtigt. Würden Bedrängnisse, Gruppenzwänge, psychologische Affektionen auf das Unterbewußte, moralisierende Mittel oder organisatorische Dominanzen bestehen, so würden sie in einer gewissen Weise die Freiheit der menschlichen Seele einschränken. So wie es ein Ziel im Yoga ist, daß der Mensch in seiner Verwirklichung nicht in der fleischlichen und äußeren Persönlichkeitsgröße strahlt, so wird auch der Organismus für spirituelle Seminare so gestaltet, daß dieser nicht vor einer geistigen Quelle mit einem mächtigen Körper stehen kann. Das Umfeld, das notwendigerweise um eine spirituelle Persönlichkeit, ihr Werk und ihre Ausstrahlung errichtet ist, gewährt in der exoterischen Grundhaltung eine lichte Transparenz und fördert die Freiheit und die Möglichkeiten der Bewußtseinsbildung des individuellen Suchers in vielerlei Hinsicht.

Es dürfte in der von der Psychologie geprägten modernen Kultur eine bekannte Analogie sein, daß ein Lehrer seinen Interessenten und Schülern nur dasjenige Maß an individuellem Bewußtseinsraum und damit an individueller Freiheit gewähren kann, das er selbst bei sich errungen hat. Wo liegt die Berechtigung für das Lehren von der sogenannten Wahrheit? Ein Yoga-Lehrer kann nicht die Wahrheit, die allgemeinhin als die absolute Wirklichkeit gilt, lehren, denn er würde doch nur einen Teilaspekt eines Ganzen, der sicherlich unter bestimmten Bedingungen seine Gültigkeit besitzt, aber unter anderen Voraussetzungen nicht zutreffen kann, sehr bestimmend unterrichten. Ein kleines Beispiel vermag die Situation eines freien und weiten Lehrens im Vergleich zu einem gebundenen und engen Umgang mit dem Begriff eines Lehrpunktes aufzeigen: Der Yoga vertritt in der Regel eine vegetarische Lebensweise als einen Beitrag zu der Verwirklichung eines Ideals, in dem sich die menschliche Natur einer gewaltlosen Einordnung der Schöpfung hingibt und das Töten von Tieren vermeidet. Die Schule könnte nun fälschlicherweise den Vegetarismus als zwingende Voraussetzung gleich einem Dogma lehren und diesen als eine selbständige Wahrheit verkünden. Diese Lehranweisung wäre aber nahezu eine zwingende, die wie eine Vorschrift klingt oder moralisierenden Charakter erhält und mehr das Bewußtsein gefangen nimmt. Aus diesem Grunde werden durch den Lehrer des Yoga keine Dogmen und zwingenden Vorstellungen gelehrt, sondern es wird vielmehr der Hintergrund in Zusammenhängen mit dem Menschsein und der menschlichen Entwicklung beleuchtet. Dem Interessenten bleibt nach dem Besuch einer Veranstaltung deshalb die freie Entscheidungswahl, ob er, im Beispiel bleibend, Vegetarier wird oder nicht, ganz selbständig überlassen. Indem der Zuhörer eine sehr weit gefaßte Interpretation und eine im Kontext gehaltene Darstellung erhält, gewinnt er die Einsicht in viele Wahrheiten, die unter verschiedenen Voraussetzungen ihre angemessene Gültigkeit erhalten und doch innerhalb eines gesamten Beziehungsfeldes immer nur eine relative Gültigkeit aufweisen.

Obwohl der »Yoga aus der Reinheit der Seele« keine feststehende Kirche, religiöse Institution, kein Orden und keine Art Dachverband ist, benötigt er zur Umsetzung seiner Ideen verschiedene Bildungsstätten. Diese Bildungsstätten sind jedoch sehr freie Einrichtungen, die, wofür die Stiftungsstätte in Bad Häring beispielshaft ist, vergleichbar einem Körper mit verschiedenen kleinen Einzelkörpern sind. Jeder Körper bildet für sich eine eigene Einheit mit eigener individueller Verantwortung, die sich aber im Gefüge des Hauses wieder zu einem Ganzen eingliedert. Zu einem spirituellen Seminar gehört beispielsweise der Körper einer Organisation, der über die notwendige administrative Gestaltung verfügt, berät und einlädt. Weiterhin benötigt das Seminar ein entsprechendes funktionstüchtiges Gebäude, das mit Unterkunft und Verpflegung den geeigneten und wünschenswerten Rahmen zum Unterricht bildet. Schließlich bildet die zentrale Tätigkeit des Seminars die direkte Lehrtätigkeit und Bildung, dies wieder als eigener Körper, der verschiedene Glieder besitzt, die in verschiedenen Formen wie beispielsweise in der Anleitung von Yoga-Übungen und Gesprächseinheiten bestehen. In der exoterischen Ausrichtung der verschiedenen Aufgabenfelder wird nun neben dieser Gliederung in einzelne Verantwortungsbereiche jene ganz gezielte große Trennung zwischen allen administrativen Bereichen, der Unterrichtstätigkeit und der Übungsweise zu der Quelle der Spiritualität vorgenommen. Diese Trennung ist wie ein klärender Organismus, der das Licht von der Festigkeit oder das Ungreifbare von allem Greifbaren scheidet. Die Spiritualität ist kein eigener Körper im Gebäude des Ganzen. Die angeleiteten Übungen für Konzentration oder für die ästhetische Gestaltung fallen unter die manifeste und greifbare Dimension und werden innerhalb des Organismus der Körper des Lehrgebäudes von der Spiritualität unterschieden.

Es stellt sich sodann noch einmal die essentielle Frage nach dem Wesen der Spiritualität, nach der Würde ihres geheimnisvollen Charakters, nach ihrem verborgenen Leben und ihrem lokalen Standort im System. Diese Frage stellt sich vor allem deshalb, da der Unterricht mit Übungen, Meditationen und Lehranweisungen nicht mehr das Prädikat »Spiritualität« erhält, sondern nur einer der Bausteine in einem Seminar ist. Wo befindet sich das Mysterium der Spiritualität?

Die Spiritualität ist im »Yoga aus der Reinheit der Seele« ganz von der Quelle des Begründers getragen. Sie ist personal. Sie ist nicht absolut auf eine Person und dies auch nicht auf die Physis der Person bezogen. Sie drückt sich beispielsweise durch den Geist der Schriften aus, die für sich, wie erwähnt, Meditationsschriften sind, die eine längere Betrachtung erfordern. Sie drückt sich weiterhin in den Bildern der *āsana* aus, aber sie ist nicht die Perfektion der *āsana*. Sie verströmt sich in die Herzen all jener, die in personaler Form auf die originalen Inhalte des Yoga zugehen und die personale Begegnung suchen. Aus diesen Gründen lebt sie auch teilweise in den Herzen derjenigen, die in einem Organisationsteam für die Gestaltung eines Seminars mitwirken und auf die Quelle zugehen. Dennoch ist aber die Arbeit auf den unterschiedlichen Feldern, ob mehr administrativer oder pädagogischer Art, von den inneren tiefen und ungreifbaren Regionen des personalen Seins unterschieden.

Das Licht scheint auf die verschiedenen Einzelkörper, aber die Einzelkörper, die eine praktische Bausteinfunktion erfüllen, sind doch von einer anderen Art und Festigkeit als das Licht. Das Licht scheint für alle und ist das Bleibende, während die Körper im Laufe der Entwicklung verschiedene Ausmaße annehmen. Das Licht aber ist auch die Freiheit, es ist unendlich und unmanifestiert und steht jedem gleichermaßen zur Verfügung. Wenn nun aber durch falsche Identifikation eine Verwechslung eintreten würde, die das Manifestierte sogleich zu einem Anspruch an ein Selbstbewußtsein werden ließe, so stört

15

dieser Anspruch die natürliche Ordnung und nimmt die Freiheit des Individuums gefangen. Diese Ansprüche, die Wahrheitsansprüche darstellen, nehmen das Licht gefangen und bringen es in eine unglückliche Manifestation, die die geistige Freiheit raubt und zu einer Täuschung der Wahrnehmungen führt. So, im Vergleich gesehen, funktionieren die meisten religiösen Systeme, Yoga-Einrichtungen und spirituellen Stätten, in jener Verlagerung der freien Dimension des Lichtes, das sich ausdrückt in einem Denken der vollkommenen Bewußtheit der geistigen Gegenwart, das aber durch den Irrtum des institutionellen Ergreifens gefangen wird und in die Benützung der weltlichen Identifikationen stürzt. Diesen Irrtum sucht das exoterische Bausteinsystem mit sehr klar getrennten Einzelbereichen der Verantwortung zu vermeiden.

Für den »Yoga aus der Reinheit der Seele« dienen neben den Begründungspublikationen die Werke von *Śri Aurobindo* und Rudolf Steiner. Sie werden in ihrem Sinne als Quellenschriften oder als inspirative Literatur betrachtet. In den Worten drückt sich Seele und Geist aus, die mit ihrer Fülle oder ganz andersartigen Wirklichkeit das Wort aus der üblichen Intellektualität oder Emotionalität entheben und eine Empfindung oder bildhafte Vorstellung einer geistigen Wahrheit, die mit dem Fachbegriff »Imagination« genannt wird, naherücken. Es wäre tatsächlich eine falsche Schlußfolgerung oder Logik, wenn jemand sagen würde: »Ich bin anderer Meinung als *Śri Aurobindo.*« Er würde das konventionelle Denken mit einem spirituellen Denken verwechseln und einen Beurteilungsmaßstab ansetzen, der den inspirativen Schriften nicht entspricht. Richtig gesehen kann man die spirituellen Quellenschriften nur auf arbeitsreiche und konkrete Weise verstehen lernen, indem man sich dem Denken im Sinne des Autors annähert und die Hoheit des Gedankens ergründet. Der Weg des Studiums ist ein mühevoller, aktiver, der die Fähigkeit voraussetzt, den eigenen Standpunkt des Denkens zu verlassen und in höchster Konzentration in den Gedanken des Autors einzudringen. Die Lernschritte sind von einer objektiven Art.

16

Die Spiritualität beruht auf einem Denken, das einer körperfreien Dimension unterliegt und sich einem ganz anderen übersinnlichen Wahrnehmungsfeld eingliedert. Wenn diese Art des Denkens mit einem konventionellen und organgebundenen Denken verwoben wird, entsteht eine ungesehene Bindung, die sich in einer sich täuschenden Wahrnehmung gegenüber von Wirklichkeiten ausdrückt. Das Ergebnis dieser Täuschungen führt zu Imitationen dem Lehrer gegenüber, zu Hierarchiespielen im Glauben und Symbiosen mit der Heiligkeit, zu heimlichen Weltfluchten mit unkonkreten Wunschvorstellungen und falschen Frömmigkeitsanwandlungen mit einer meist mehr oder weniger deutlichen Selbstaufgabe. Der Schüler neigt im besonderen Maße entweder zu einem gefühlshaften Sich-Hineinleben in die Spiritualität oder zu einem intellektuellen Disputieren, das an die Stelle einer wirklichkeitsgemäßen, unterscheidenden Sicht der subtilen und doch großen Gegensätze eintritt.

Die Spiritualität mit ihren Gedanken und ausströmenden Empfindungen ist immer wie ein stilles Feuer, das in seiner Transzendenz nicht mit den brennenden Fackeln der eigenen Wünsche, Gefühle und Gedanken ergriffen werden kann. Sie ist eine Welt, die nicht von dieser Welt ist und doch mit den erfüllten Worten und Ausstrahlungen als ein Beispiel zur Verehrung und Anerkennung in dieser dienen kann.

Ein Yoga-Unterricht mit verschiedenen Körper-, Atem- und Seelenübungen bewegt sich auf natürliche Weise in seinen konkreten Informationen, Bildern und Anleitungen. Die Perfektion, die darin erzielt wird, unterliegt den jeweiligen Verhältnissen und dem Ehrgeiz des Lehrers. Allgemein wird von der Ausbildung im »Yoga aus der Reinheit der Seele« eine sehr hohe Qualität vorausgesetzt. Eine Interpretation einer Übung oder eine noch so genau erwogene Anleitung für eine Meditation ist aber noch nicht eine spirituelle Disziplin. Die Spiritualität eines Yoga-Unterrichtes darf deshalb nicht verwechselt werden mit Worten, treffsicheren Anleitungen, pädagogischem Fingerspitzengefühl oder energetisierenden Mantren, denn die Spiritualität würde sonst an Leistungen des äußeren Menschseins gebunden sein. Die Spiritualität ist das Ehrgefühl der inneren Reinheit und stillen Geistbeziehung. Die Perfektion in der Technik, Ausführung und Anleitung ist das Ehrgefühl der äußeren Haltung. Ein Yoga-Unterricht kann deshalb sehr spirituell werden, wenn der Lehrer, der unterrichtet, eine tiefe Beziehung, ein Wissen und eine Wahrnehmung zu den geistigen Quellen ausprägt. Die Spiritualität ist jedoch ein sehr stiller Beitrag, der mehr in der Seele des einzelnen lebt und der sich den Worten und Interpretationen weitgehendst entzieht.

Wie sieht ein Yoga-Unterricht im Sinne dieser sogenannten exoterischen Einordnung des Unterrichtens aus? Einer der ersten und wichtigen Grundsätze ist es, daß in einem allgemeinen Kurs dem Interessenten nicht ein geistiger Inhalt aufgedrängt wird, der nicht gewünscht wird. Die Mehrheit aller Yoga-Interessierten sucht mit ihrem Kursbesuch weniger einen spirituellen Inhalt als Ziel, sondern mehr ein einfaches Harmoniegefühl im Körper. Es erscheint heute ein Unterricht in den verschiedenen Bildungswerken deshalb problematisch, da er durch die Hinzunahme eines Arbeitsbuches eine sehr personenzentrierte Zugehörigkeit einnimmt. In öffentlichen Bildungsstätten kann deshalb diese Form des Yoga nur in ersten Schritten einer natürlichen Auseinandersetzung mit Körper-, Atem- und mentalen Übungen stattfinden. Die gesamte Unterrichtstätigkeit erfolgt jedoch nicht nach psychologischen Wertigkeiten und nach körperlichen Erfahrungen, sondern sucht eine lebendige Auseinandersetzung sowohl in abstrakter, begrifflicher Weise als auch in praktischer Wahrnehmung gegenüber den Übungen und den daraus resultierenden Ergebnissen. Im Hinblick auf die im Yoga so vielschichtig gelehrten Entspannungsmethoden sollte deshalb nicht nur die Methode zur Anwendung gelangen, sondern auch die Grundsätze eines entspannten Körpers und seine Gesetze sollten zum Inhalt werden. Dabei achtet der Lehrer auf die Entwicklung eines möglichst zusammenhängenden Denkens, das nicht sofort bei einer ersten Definition stehenbleibt, sondern verschiedene Komponenten berücksichtigt und die ganzheitliche Wesensnatur des Menschen zu erschauen sucht. Dieser Yoga-Unterricht meidet jedoch ein zu theoretisches Diskutieren und hält sich weiterhin vom gefühlsmäßigen und mystischen Erleben fern. Das Anliegen ist ein Training der Seelenkräfte, die in ihrem Zusammenspiel stärker werden sollen und dadurch mehr die Gesundheit wie auch die Bewußtseinsklarheit fördern. So ist der Unterricht nicht moralisierend, nicht personengebunden, frei von Konfessionen und dadurch auch für jeden geeignet. Bei Bildungseinrichtungen kann jedoch die Spiritualität als freiwilliges Angebot zur Verfügung gestellt werden, indem auf einen Buchtitel wie »Harmonie im Atmen« hingewiesen wird. Das Buch ist aber bei öffentlichen Einrichtungen keine zwingende Arbeitsgrundlage. Öffentliche Yoga-Kurse in Bildungseinrichtungen sind nicht personenzentriert.

Anders ist es bei den Seminaren, die in der unmittelbaren Gegenwart des spirituellen Lehrers und Begründers stattfinden. Die Voraussetzungen, Bedingungen und Ordnungsregeln nehmen zum Schutze des Arbeitsklimas mehr die Rolle der Vorbereitung auf das Seminar an. Gewisse Lehrbücher und der Besuch einer vorbereitenden Informationsveranstaltung ist eine Voraussetzung, damit das Arbeiten leichter begonnen werden kann. Die Organisation und die vorbereitende Information werden aber als ein ganz konkreter und praktischer Arbeitsbereich genommen, der selbst dann, wenn er in direkter Vermittelung zu dem spirituellen Lehrer fungiert, ein eigener und vorbereitender sozialer Betrieb ist. Würden heimliche Wahrheitsansprüche in eine administrative Seminararbeit hineingleiten, könnten sehr unangenehme Nebenerscheinungen für außenstehende Interessenten entstehen. Eine administrative Tätigkeit mit einem heimlichen Wahrheitsanspruch an die Spiritualität würde beispielsweise einen Anrufer, der sich nach einem Seminar erkundigen möchte, nicht frei gewähren lassen. Vielleicht würden aus naivem Sinne unsachliche Lobpreisungen am Telefon ausgesprochen werden. Es wäre aber störend und für den Ablauf eines Seminars hinderlich, wenn ein ergreifendes Wesen, das den Anrufer nicht in der Sache des Seminars informiert, sondern diesen für das Seminar und die darin gegenwärtige Spiritualität gewinnen möchte, am Telefon erscheint. Dieses Wesen in der Auskunft würde den Anrufer bereits unfrei machen. Der Anrufer würde keine angemessene Information erhalten und würde durch das inneliegende Wesen des Übergriffes in seiner Mentalität beeinflußt werden. Die Administration im Sinne des »Yoga aus der Reinheit der Seele« hat sich deshalb die Aufgabe gestellt, jene sachliche Qualität einer neutralen Information und beschreibenden Auskunft zu gewährleisten.

Der hohe Anspruch der Sachlichkeit, der klaren Vorstellung und nicht überzeugender, sondern beschreibender Information und Vermittlungstätigkeit hilft allen Anwesenden zu einer natürlichen Einordnung und zu einer guten Atmosphäre bei einer Veranstaltung. Der Organismus einer exoterischen Grundordnung trägt ein sehr konkretes und reines Motiv, das auf der einen Seite transparent für eine höhere Wirklichkeit und auf der anderen Seite vermittelnd und klärend wirkt. Die geistige Quelle ist im »Yoga aus der Reinheit der Seele« in gewisser Weise vollständig passiv. Sie belehrt nicht, sie moralisiert nicht, sie sucht nicht zu gewinnen, sondern zeigt auf, bietet sich an und läßt jeden so weit gewähren, wie er ihrer anderen Wirklichkeit entgegenkommen möchte. Die geistige Quelle ist aber kein Unternehmen, das selbst Veranstaltungen organisieren würde und Beschäftigte etwa wie verlängerte Arme nach außen senden würde. Wäre die Spiritualität das, so wäre sie ein eigenes weltliches Zentrum. Die exoterische Administration stellt vor, beschreibt, vermittelt und bildet somit eine natürliche Brücke von der geistigen Ebene zur Welt. Als Brücke ist sie somit für beide Richtungen nach oben und nach unten offen. Sie ist aber auch ein Unternehmen, das zur Verwaltung finanzielle Kosten veranschlagt und zum Schutze aller eine natürliche Hausordnung, auf die sie nicht verzichten kann, bewahrt. Die Administration im »Yoga aus der Reinheit der Seele« ist ein eigenes soziales Organ, das sich unabhängig von der Spiritualität selbständig verwaltet.

Die exoterische Grundordnung einer Lehrveranstaltung hält weitgehend jene Gefühle fern, die sich mit heimlichen Zugriffen der Seele bemächtigen wollen. Diese konkreten Verhältnisse sind sehr wichtig, denn mit den Yoga-Übungen suchen viele Personen ein besseres Gesundheitsgefühl oder ein stabileres Selbstwertgefühl oder ganz allgemein ein psychologisches Harmonieempfinden von Körper, Seele und Geist. Die Erlebnisse führen aber im Verlauf meist in sehr schwer identifizierbare gefühlsmäßige Energien, die das Bewußtsein in eine unerwünschte Richtung drängen können. Die wenigsten Menschen können heute ein organisch-psychologisches Gefühl von einer spirituellen Erfahrung unterscheiden. Harmoniebefinden im Körper und gesteigerte energetische Aufladung durch eine Übung oder Meditation werden heute fälschlicherweise als spirituelle Erfahrung und manchmal sogar als Gotterfahrung bewertet. Der »Yoga aus der Reinheit der Seele« wird mit diesen Erfahrungen, die auf spürbaren Affektionen beruhen, sehr vorsichtig umgehen und er wird sie aus dem Lehrgebäude eher fernhalten. Dies hat einen aus der Erfahrung geprägten Hintergrund: Wer eine Erfahrung durch Übungen oder entsprechende Meditation gewinnt, neigt gerne zu einer Identifikation mit der Erfahrung, er erhebt sein Selbstwertgefühl und fühlt sich vielleicht, wie man sagt, »himmlisch« oder »in der Gnade« oder »auserwählt«; wenigstens fühlt er sich doch ein Stück von der Erde und von allen anderen enthoben. Welche Folge nehmen diese Erfahrungen, die in ihrer Art sehr unterschiedlich sein können und doch aber fast immer auf einer organischen Stimulation beruhen, für das weitere zukünftige Leben ein? Wenn man diese Erfahrungen untersucht, so läßt sich eine sehr charakteristische Gemeinsamkeit in den meisten Fällen feststellen. Dasjenige, was die Lebenskraft im Körper darstellt (Fachsprache: Ätherleib), das pulsierende, zentrifugale und immerfort dynamische Energieprinzip, löst sich aus den Verankerungen im Leibe und levitiert zu weit nach oben oder aus dem Körper heraus. Die Folge ist ein Hochgefühl und gleichzeitig eine Schwächung, wobei letztere meist unbemerkt bleibt und auf Dauer viele Störungen bis hin zu Erschöpfung und Krankheit bringt.

Das ungünstige Herauslösen der Lebenskräfte führt in der Folge fast immer zu unendlichen Himmelssehnsüchten, die aber nur eine unbewußte Suche nach Geborgenheit und Sicherheit darstellen. Es ist tatsächlich eine Versuchung, die sich heute mit vielen verschiedenen organisch gebundenen Erfahrungen in das Menscheninnere gibt und das Leben nicht wirklich im Leibe organisiert, sondern es aus der üblichen Festigkeit enthebt. Jene Personen, die dieser Versuchung unterliegen, lösen auf ihrem Weg ganz unbewußt familiäre und partnerschaftliche Konflikte aus. Sie fühlen sich von der Familie nicht mehr verstanden und verlagern ihre Aufmerksamkeit allzuleicht auf eine spirituelle Gruppenzugehörigkeit oder auf einen Anschluß auf dem spirituellen Weg. Das Lehrgebäude in exoterischer Form wirkt diesen Versuchungen sehr weit vorbeugend entgegen, wenn auch diese nicht ganz aufzuhalten sind. Seminare, die in einer klaren, sachlichen Beziehung organisiert sind und keine Gruppenzugehörigkeitsmöglichkeit auf Dauer gewähren, eine spirituelle Quelle, die nicht in der Welt als eine eigene Partei steht, sondern nur der Möglichkeit zur Inspiration dient, ein Lehrer, der in seiner Funktion nur Übungen zur klaren Bewußtseinsformung vermittelt und die zu konsumierende Erfahrung außer Acht läßt, können einen wesentlichen Beitrag zur rechten Seelenformung leisten. Die exoterische Einordnung und die Trennung der spirituellen Quelle von allen technischen Begleithintergründen beugt den Versuchungen, die durch falsche Identifikationen und Gruppenzugehörigkeitsgefühle entstehen, vor.

Dieses exoterische Lehrgebäude ist von der Gesamtkonstituierung, Idee und Praxis neu entwickelt. Es findet sich innerhalb des Yoga und der christlich-religiösen Einrichtungen sehr wenig. Bei der katholischen Kirche lebt oder sollte zumindest die andere Wirklichkeit durch die sogenannte Sukzession leben, durch die Priesterweihe, die die Kraft des Amtes und die Kraft zur sakramentalen und die Spiritualität stellvertretenden Amtsausübung gewährt. Das Spenden der Sakramente hat in der katholischen Kirche deshalb bis zum heutigen

Tage einen mehr erdachten, aber doch so gemeinten mystischen Charakter und nimmt innerhalb der Transsubstantiation mehr oder weniger magische Kräfte zu Hilfe. In Yoga-Einrichtungen werden ebenfalls die inneren Energien von einem Lehrer auf den Nachfolger übertragen, der sie wieder auf die Schüler überträgt. Gleichzeitig nehmen viele Übungen einen esoterischen Charakter an, da sie das psychologische Ergebnis in der Gefühlserfahrung betonen und nicht eine primäre Stärkung der Seelenkräfte anstreben. Meist besitzen Meditationen und Yoga-Übungen auch einen energetisch aufladenden und teils mystischen Charakter. Die Begriffe »Mystik« und »Esoterik« sind in der Umgangssprache und theologischen Grundlegung voneinander zu unterscheiden. Für diese Darstellung des exoterischen Leitsystems besitzen aber beide Richtungen, die mystischen Wege des Christentums und die esoterischen Wege des Yoga, einen gemeinsamen inneren Charakter. Sie bewegen sich nahezu immer in einer verborgenen Region von Bewußtseinsschichten und Bewußtseinsverlagerungen. Die Lehrer, die Ansätze und Teile aus dem »Yoga aus der Reinheit der Seele« unterrichten, arbeiten ganz nach eigenen, individuellen Erkenntnissen. Sie sind nicht stellvertretend für die spirituelle Quelle, sie sind nicht Funktionäre eines Systems, das einer obersten Direktionsstelle gehorcht und in der Verlängerung eines höheren Willens funktioniert. Sie sind vielmehr Personen, die sich auf dem Weg der Stärkung der Seelenkräfte bereits geschult haben und nach ihren Möglichkeiten das erlangte Wissen mehr erzählend oder beschreibend zur Anschauung weitergeben.

Der Unterricht ist im allgemeinen mehr anschaulich und beschreibend, mehr darstellend und aufzeigend. Wenn es von den Teilnehmern erwünscht ist, richtet sich die Anschauung in Achtsamkeit und konkreter Bewußtheit an die spirituelle Quelle und auf die Inspirationen, die wie Meditation zur weiteren spirituellen Bereicherung des Unterrichtes hinzugenommen werden. Der Lehrer weist jedoch die Schüler auf die Unterschiedlichkeit des Denkens, das bei der spirituellen Quelle vorherrscht und dem konventionellen, wissenschaftlichen Denken, hin. Mit diesen klaren Hinweisen entsteht eine weitere konkrete Anschauung und gleichzeitig eine Gegenüberstellung, die zur persönlichen Bereicherung führt. Durch die Anweisungen des Lehrers im Unterricht entstehen wichtige und stabilisierende Eindrücke zur Unterscheidung der verschiedenen Arten von Energien. Ein frühzeitiges Sich-Hineinleben in die spirituelle Quelle oder gar ein pseudoartiges Hineinverschmelzen in diese wird vermieden.

Das exoterische System einer Seminarordnung wird in der Regel von Teilnehmern sehr angenehm, befreiend und reinigend erlebt. Manche Personen aber, und das sind vorwiegend jene, die von Anfang an ihre »Gotterfahrung« betonen und von sich aus wissen lassen, daß sie sich »erleuchtet« oder »begnadet« fühlen, bekommen gerne für einige Tage Probleme in der Annahme des ganzen. Die Erfahrung zeigte, daß die exoterische Ordnung ordnend und reinigend auf das Gemüt des einzelnen wirkt. Die Ordnung wirkt vor allem stabilisierend auf die individuelle Struktur und auf die Kraft des Bewußtseins. Der anschauliche Unterricht ist vergleichbar mit einem Bergsteiger, der erst längere Zeit den Berg anblicken muß und Überlegungen zu der Route anstellt, bevor er direkt die Hand an den Felsen legt. Man könnte meinen, daß der exoterische Unterricht niemals wirklich in die Praxis schreitet und so erscheint wie ein Bergsteiger, der aus der Lehnstuhlperspektive sein Ideal anblickt. Das ist aber nicht der Fall, denn im »Yoga aus der Reinheit der Seele« werden Übungen und Studienschritte in der direkten Praxis vollzogen. Der Unterschied ist nur derjenige einer viel umfassenderen individuellen Stellung, die wie eine gesamtheitliche Übersicht von einem Ich zu einem Du bewahrt bleibt. So geht der einzelne Interessent nur so weit in die Übungsweise hinein, wie er auch den beschauenden Überblick und das natürliche Verstehen bewahren kann. Der Yoga-Übende sucht nicht wie ein Bergsteiger den Durchbruch in einer Wand zum ersehnten Gipfelpunkt eines hohen Gefühls, er sucht vielmehr ein objektives Erleben der verschiedenen Umstände der eigenen Seele und ihres

Leibzusammenhanges und der, wenn vorhanden, hinzugenommenen Inspiration zu der Übung.

Auf diese Weise nähert sich der Übende in einer sehr weiten Auseinandersetzung und Unterscheidungsbildung einer spirituellen Quelle an, die er im Verlauf seiner Entwicklung in einer Gegenüberstellung zu seinem Ich erlebt. Es ist ein größeres Ich, das einem kleineren gegenübersteht. Im »Yoga aus der Reinheit der Seele« geschieht eine geistige Individuation, in der eine schrittweise Annäherung und Auseinandersetzung mit einer unbekannten und fremden Wirklichkeit erfolgt. Es ist nicht ein mystischer Pfad und kann auch nicht als einer der modernen und typischen esoterischen Pfade bezeichnet werden. Es ist ein Pfad, der auf der Bildekraft von Anschauung und Bewußtsein beruht.

Die Gedanken zu der beschriebenen Grundordnung eines exoterischen Unterrichts sind durch praktische Erfahrungen und durch geistige Erkenntnisforschung entstanden. Sie beschreiben nicht nur ein Ordnungssystem im Irdischen und der sozialen Religion, sondern geben ein Bild aus einer übersinnlichen Wirklichkeit, das in Harmonie und Analogie zum Menschsein existiert. Das Ziel des Yoga ist nicht, wie es allgemein in verschiedenen Schulen noch angestrebt wird, ein Erlöschen der Individualität und ein Aufgehen in den Erfahrungen der kosmischen Einheiten mit ihrer schweigenden Ruhe, sondern ein Bewußtwerden im Denken, Fühlen und letztes Endes in der Identität des Handelns gegenüber einer sich offenbarenden geistigen Wirklichkeit, die selbst die metaphysische Welt übersteigt. Das Denken und Fühlen erlischt nicht in einem asketischen Schweigen, und das Leben zieht sich nicht in klösterliche Einsamkeiten zurück. Das Denken wird zu einem immer größer und brauchbarer werdenden geistigen Instrument erzogen, das mit den weltenschöpferischen Gedanken eins wird. Die Gefühle bleiben natürlich und integrativ, sie erhalten aber ebenfalls eine Veredelung und eine aus dem Geistigen entwickelte Kreativität, die sie zu einem schöpferischen Wahrheitsgefühl machen. Das Ziel der gesamten Bemühungen führt zu einer Synthese des Geistes in der Welt, die sich ausdrückt im Menschen und seiner Individuation, die stufenweise in einer Verwandlung steht.

Die Ordnung des Bewußtseins spiegelt sich innerlich im Menschen und äußerlich in der Administration der Einrichtung

Die gesamte Organisation des exoterischen Systems entwickelt sich an einer geistigen Beobachtung der innerleiblichen Bewußtseinsstrukturen. Die äußere Arbeit ist gewissermaßen ein direktes Spiegelbild des inneren Verständnisses der religiösen Einordnung und Bewußtseinsverfassung. Die rechte Erkenntnis der äußeren Strukturen und ihrer Beziehungsverhältnisse zueinander und untereinander geben aber darüber hinaus wieder einen Anhaltspunkt über die innere Ausrichtung des seelischen Lebens zu dem, was wir Gott nennen. Eine systematische Gliederung von Fachbereichen in einzelne Individuationsbereiche führt nicht zu hierarchischen Verhältnissen und auch nicht zu einer in sich geschlossenen Kommune, sie führt vielmehr zu einer klaren Kompetenzbestimmung und zu einer rationalen individuellen Einordnung der Aufgabenbereiche. Die Aufgaben sind, obwohl von unterschiedlichem Charakter und Ausmaß, von einer gemeinsamen Idee getragen: das ist die Umsetzung und langsame Gestaltung von tiefen Imaginationen und Inspirationen innerhalb der jeweiligen fachlichen Stellung und sozialen Einordnung, damit ein transzendentes Licht des Geistes leuchten kann und weiterhin mit diesem Licht eine praktische Bereicherung und Durchdringung der Lebensgestaltungen einsetzen kann. Das Ziel des gesamten Arbeitens ist eine Synthese von Geist, Bewußtsein, Leben und Materie.

Betrachten wir einmal auf mehr technische Art den gesamten innerleiblichen Organismus des Menschseins. Das höchste Glied des Menschseins ist dasjenige, das so sehr landläufig mit »Ich« benannt wird. Dieses Ich als das höchste Glied ist aber bei genauer Betrachtung nicht eine psychologische Komponente oder eine metaphysische Wirklichkeit, es ist vielmehr eine reine Offenbarung und reine Transzendenz, das sich allen feinstofflichen Zugriffen und ethischen

Wertmaßstäben entzieht. Als eine transzendente Wirklichkeit wurzelt dieses Ich nicht wirklich in einem Leib, weder in einem grobstofflichen noch in einem feinstofflichen. Dennoch ist es in seinem Mysterium auf einen Körper ausgerichtet und erfüllt diesen mit einer Einzigartigkeit, mit einem Geheimnis des Höchsten, mit dem, was Geist ist und den Menschen über das Tierreich hinaus zu einem eigenständigen Bürger der Selbstverantwortung und Selbstbewußtheit macht.

Weiterhin verfügt das menschliche Individuum über ein eigenständiges Wesensglied, und das ist das Bewußtsein, der Träger des Wissens, der Wahrnehmungen, der Empfindungen und der Aktionen und Reaktionen. Dieses Bewußtsein ist von seiner Grundkonfiguration schon ganz anders als das transzendente und geheimnisvolle Ich, denn es besitzt eine Bewegungsrichtung von innen nach außen und von außen nach innen. Im Bewußtsein finden die verschiedensten Bewegungen, Abläufe, Verwandlungen und Lernschritte statt. Einmal fluktuieren die Bewußtseinsinhalte, indem sie von innen nach außen sich verteilen, und einmal strömen sie durch Anschauungen und Lernschritte von außen nach innen. Das Bewußtsein ist der grandiose Träger des Lernens und Lehrens.

Die Eigenart dieses Bewußtseins ist die Eingebundenheit in die Dualität, die vor allem in den großen Weltenpolaritäten von Freude und Leid existiert. Während das Ich noch vollkommen frei, rein und unantastbar ist, ist das Bewußtsein in einer Art Berührung oder, besser, Bewegung begriffen, die es immerfort im Spiel eines Wachsens und Werdens zu einer unendlichen Weite gewinnen möchte. Das Bewußtsein möchte wachsen und so weit wie möglich gedeihen. Es ist deshalb auch dasjenige, das in der Religion die sogenannte Versuchung aufnehmen kann.

Die weiteren beiden Glieder erscheinen auf den ersten Blick sehr konkret, leicht verständlich und nahezu damit selbstverständlich. Sie sind aber in ihrer Eigenart weitaus schwieriger erfahrbar als die erstgenannten. Es sind diese das sogenannte Leben, (Ätherleib), das sprießende Prinzip der zentrifugalen Energien und weiterhin der physische Leib mit seiner sichtbaren Gestalt. Diese beiden Glieder existieren jedoch nur aus dem einfachen Grunde, da das menschliche Wesen über ein Ich und über ein Bewußtsein verfügt. Aus diesem Grunde bemerkt die menschliche Wahrnehmung die Lebensverhältnisse und die physischen Bedingungen.

Bei der geistigen Entwicklung richtet sich die Aufmerksamkeit auf das höchste Wesensglied, auf das Ich oder auf das Selbst, den *parātman,* wie er in Sanskrit genannt wird. Dieses Ich ist aber ein großartiges und doch immer unbegreifbares Mysterium, das mit verschiedenen heiligen Namen besetzt werden kann und sich aber doch jeden Möglichkeiten des Zugriffes entzieht. Es ist Wahrheit, Liebe oder Einzigartigkeit. Es ist universal und zeitlos. Die Aufmerksamkeit und die verehrenden Gefühle, die anerkennenden Gedanken und Lobpreisungen richten sich an dieses Höchste, das im allgemeinen mit dem Begriff »Gott« benannt ist. Wenn wir in den Ausführungen die Frage stellen, wer dieses Ich tatsächlich für sich besitzen kann, so werden wir deutlich die Antwort erhalten: Das höchste Mysterium ist gegeben und es existiert in seiner eigenen Gnadenwahl frei von allen Zugriffen, Ansprüchen, Machtspielen und Besitztümern.

Da diese ewige Einzigartigkeit des höchsten Selbst vollständig frei ist und frei bleiben wird, hat sich der »Yoga aus der Reinheit der Seele« die Aufgabe vorgenommen, es in seinen Ausdrucksformen und Offenbarungen zu verehren, ihm zu dienen und es als das höchste Ziel im Sinngehalt einmal zu erkennen. Die Disziplin der geistigen Übungen richtet sich deshalb ganz gezielt für eine gewisse Zeit im aktiven Studium an jene Schriften, in denen es am deutlichsten zum Ausdruck gelangt. Das sind die erwähnten Schriften, die alle aus der Authentizität und Originalität der Autoren kommen müssen, denn wären sie Plagiate oder mediale Übermittelungen, so wäre die Offenbarung und Liebe des Selbst in ihnen nicht mehr erfahrbar.

Wenn dieses Studium nach den Anleitungen unter Einhaltung der rechten Unterscheidungsgrundsätze absolviert wird, entwickelt sich eine seelische Grundkonfiguration der Weite im Bewußtsein und der zunehmenden Stärke in den Seelenkräften, die namentlich das Denken, Fühlen und der Wille sind. Der Aspirant lernt auf diesem Wege ganz neue Erfahrungsdimensionen mit konkreten Gedankeninhalten kennen, die seine Empfindungswelt bereichern und die ihm wie eine neue Nahrung für das Leben und die Lebenskräfte zukommen. Ganz besonders wird diese Neubelebung der Lebensschichten erfahren, wenn eine persönliche Ehrfurcht oder Verehrung das Studium begleiten und die Schritte mit Achtsamkeit und Aufmerksamkeit erfolgen. Indem aber auch das geheimnisvolle, verborgene Leben des Willens eine außerordentliche Stärkung erfährt, entwickelt sich jene Fähigkeit zu einer objektiveren Betrachtung und Beschaulichkeit. Der Aspirant richtet seine Aufmerksamkeit auf eine ganz andere Welt der Gedanken, die in dieser Form und Logik in ihm noch nicht existent sind. Er kann sie deshalb nicht einfach aufnehmen, konsumieren oder sich mit ihnen blindlings verbinden, sondern muß sie wie ein fremdes Geheimnis zuerst einmal zur Kenntnis nehmen und sie dann in ihrem originalen, verborgenen Sinn nachvollziehen lernen. Diese Gedanken-, Empfindungs- und Willensschulung führt zu einem stillen Erkraften des Ich in seiner transzendenten Wirklichkeit. Diese Stärke des Ich aber läßt den Menschen nicht aufdringlich oder gar absolut erscheinen, es gibt ihm vielmehr die Fähigkeit zu weiteren objektiven Betrachtungen, die sowohl dem eigenen Leben wie auch dem Leben anderer gegenüber besteht. Diese Fähigkeit zu objektiveren Beobachtungen führt zu einer tatsächlichen Freiheit und einem Gefühl des Gewährenlassen-Könnens. Neben vielen verschiedenen Aspekten des Freiseins schenkt es aber auch eine heilsame Klarheit, denn der Aspirant sieht diejenigen Verhältnisse wie Krankheiten, Unglück und Tod nicht mehr als bedrohlich und absolut, sondern als relativ. Das Wachstum des Ich ist jedoch eine sehr stille Entwicklung, die nahezu ungesehen bei diesen Lernschritten eintritt.

Wenn diese Entwicklung der Wesensglieder schematisch dargestellt wird, so kann sie mit folgender Skizze eine Verdeutlichung erhalten.

Das Oben
wird mit
zwei Gliedern

Ich
Bewußtsein

Leben
Physis

Trennungslinie

auf das
Unten

Die Weite und Einzigartigkeit führen über die bewußtseinsaktiven Schritte zu der Durchgestaltung der Lebenskräfte, und als Folge dieser Durchdringung entwickelt sich eine natürliche Harmonie, Gesundheit und Schönheit im Leibe. Das Besondere bei dieser Entwicklung ist dasjenige, daß der Mensch einen Zustrom aus der schöpferischen Welt der Gedanken erhält und dabei seine ganze Leibesorganisation, die sich in physischer und ätherischer (Leben) Weise bildet, nach den Prinzipien der Schönheit und Gesundheit ordnet. Es gelangen neue Lebenskräfte in die Geburt und versorgen das bisherige Dasein mit Gesundheit.

Wenn diese Entwicklung auf ein Lehrgebäude übertragen wird, so zeichnet sich diese durch eine sehr große Weite und Einordnung der Personen, die darin arbeiten, aus. Sie verfügt ebenfalls über eine geordnete Aufgliederung, die heimliche Begierdewesen und Ich-Ansprüche der Individualitäten kaum aufkommen läßt. Schematisch sieh dies folgendermaßen aus:

passive Ebene

trauernde Quelle
inspirative Gedanken

Feld des
Ich und
Bewußtseins

Lehrgebäude, Lehrer im
Verhältnis zu Schüler

Ebene
der Arbeit

Physis, Leben

Ebene der Wirkungen

Das Leben wird durch die Bewußtseinsarbeit in ganz konkreten
Schritten durchorganisiert, was sich in ästhetischen Bereicherungen
der gesamten Erscheinung bis hinein in die physische Leiblichkeit
auswirken kann. Die Voraussetzung ist jedoch, daß die esoterische
Ebene der inspirativen Quelle nicht ein Glied ist, das Schüler oder
angestellte Lehrer durch ihre Bedürfnisse in einen emotionalen oder
intellektuellen Anspruch nehmen könnten. Aus diesem Grunde ergibt sich die obere Trennungslinie. Die untere Trennungslinie ergibt
sich weiterhin, da der physische Leib wie auch die Lebenskräfte von
allen Techniken, Einflüssen, Manipulationen und Stimulierungen in
Ruhe gelassen werden müssen. Die Arbeit erfolgt immer auf der Ebene des Bewußtseins, das sich in konkret geschaffenen Gedanken und
wohlerwogenen Empfindungen in Beziehung nach oben und nach
unten bringt. Im Yoga wird deshalb mit den Körperübungen nicht als
primäre Absicht eine organische oder energetische Stimulation ver-
sucht, in der Meditation wird nicht ein Sich-Hinüberleben in eine

schweigende Stille praktiziert. Die Lebenskräfte und der physische Leib mit seinem Erbe werden einmal hingenommen wie sie sind.

Ein kleiner Vergleich soll einmal als ergänzendes Beispiel aufzeigen, wie in der Regel bei verschiedenen mystischen Wegen der Versenkung diese konkreten Beziehungsebenen immer schwieriger werden: Bei einer mystischen Meditationspraxis wird in der Regel das Bewußtsein zu einem Schweigen gebracht oder es wird mit einem speziellen esoterischen oder geistlichen Inhalt gepaart, mit dem es ein Gefühl des Einswerdens anstrebt. Dieses Gefühl des Einswerdens wird aber meist auf einer noch viel zu frühen Ebene angestrebt, so daß es allzuleicht zu einem vorübergehenden Erlöschen des ganz konkreten Bewußtseins von Identität und Stellung in der Welt kommt. Es ist das Erfolgsgefühl eine Art Sich-Hinüberleben in eine andere Wirklichkeit, mit der die gesamte Gefühlsidentität verschmilzt und eine täuschende, doch meist als angenehme Harmonie empfundene Stimmung in sich vorfindet. Dieses Sich-Hinüberleben geht aber zu Lasten des wachwerdenden und erkennenden Bewußtseins wie auch des Gegenübertreten-Könnens in vollkommener Gegenwart zu der esoterischen oder andersartigen Wirklichkeit. Bei diesen Prozessen werden die Lebensprozesse aus dem physischen Leibe enthoben und mit anderen Energien, die jedoch schwer identifizierbaren Charakter besitzen, vermengt. Schematisch sieht der Vorgang folgendermaßen aus:

Das
Oben

wird
auf das
Unten

Ich
Bewußtsein

Leben

Physis

Trennungslinie

Wenn das Leben aus dem physischen Körper hinausgehoben wird, entstehen anfangs meist sehr ekstatische Gefühle, die jedoch eine beginnende Schwächung anzeigen und zu zahlreichen Komplikationen führen. In der Fachsprache spricht man von »falscher Äthertrennung«. Wenn diese Art der spirituellen Übung vorherrscht, entstehen meist schnelle Erfolgserlebnisse bei den Schülern, es entstehen jedoch gleichzeitig eigenartige Verschleierungen des Bewußtseins, die zu einer allgemein leidlichen und unkonkreten Atmosphäre beitragen. Die Teilnehmer bei einem Kurs fühlen ihren schnellen Erfolg und identifizieren sich mit dem vom Leibe entrissenen Äther, der aber die Seele entweder zu weit von der Erde entrückt oder die Seelenkräfte in ihrer Beschaffenheit dumpf eingliedert. Die Transzendenz des Ich wird mit einer astralen Empfindung verwechselt. Innerhalb einer Organisation und Einrichtung läßt sich dann das Spiel der Identifikationen mit der sogenannten »Wahrheit« nicht aufhalten und man trifft dann beim Besuch von Veranstaltungen auf lauter »Mystiker«, »Erleuchtete« oder »Eingeweihte«. Sicherlich wird durch diese knapp gehaltene Darstellung deutlich, daß diese Erscheinungsbilder sowohl im Äußeren wie im Inneren für den einfühlsamen und ästhetisch fühlenden Menschen eine sehr eigenartige Ausstrahlung bekunden.

Die Schulungsprojekte sind deshalb von der Grundlegung infolge dieser Beobachtungen auf einem exoterischen Boden errichtet. Der »Yoga aus der Reinheit der Seele« strebt sowohl eine rechte Gliederung der Seele im Leibinneren als auch eine rechte soziale und pädagogische Ordnung im Äußeren der Lehrveranstaltung an.

Über die Problematik
von Hierarchie und Gehorsam

Der Gehorsam gilt seit alters her als eine Kardinalstugend. In religiösen Systemen nahm und nimmt diese Tugend eine sehr wichtige Rolle ein, dies sowohl in östlichen wie auch westlichen Traditionen. Innerhalb der exoterischen Systeme und Lehrgebäude des Yoga existieren keine Hierarchiestrukturen, die eine zwingende persönliche Gehorsamsverpflichtung erfordern müßten. Die Tugend bezieht sich mehr auf die geistig-mentale Grundhaltung, die mehr in der Einheit der eigenen Individualität zum Tragen kommt.

Früher existierte eine sehr direkte und strenge Beziehung zwischen einem Meister und einem Schüler. Im orientalischen Yoga gibt es die Tradition der Guru-Weihe, die für unsere Kultur sehr befremdend erscheint und oft mit sehr negativen Argumenten kritisiert wird. Der Guru gilt in Indien als die verkörperte Gestalt Gottes, als die Wahrheit in der irdischen Form. Er ist für den Schüler das Absolute und stellvertretend für das unantastbare Selbst. So sah und sieht, teils bis zum heutigen Tag, der Schüler in seinem Guru sein eigenes Ich und das Ziel seiner Bemühungen. Eine vollständige und bedingungslose Unterwerfung unter den Guru wurde in Yoga-Systemen früher um des spirituellen Erfolges und Opfers willen gefordert.

Im Westen trat anstelle des Guru die Institution der Kirche, die eine zwar säkularisierte, aber zwingende und für alle gültige Wahrheit des Heiligen Geistes darstellt. Selbst nach dem Zweiten Vatikanischen Konzil nimmt die Kirche noch die Rolle des Seligmachenden ein und erwähnt, daß ohne Ausharren in ihr keine Erlösung möglich sei. Der Gehorsam gilt deshalb innerhalb der Kirche als eine Kardinalstugend.

Wie verhält es sich im »Yoga aus der Reinheit der Seele«? Das Lehrgebäude besteht aus vielen Einzelkörpern, die in individueller Weise die Verantwortung über ihre Arbeit tragen; es gibt keinen Direktor, kein Kontrollsystem, keine Revisoren, keine Ersten und Zweiten, keine Beauftragten, keine Priester, keine Geweihten. Jeder besitzt in seiner Position seine eigene Prokura. Weiterhin gibt es auch keinen Guru oder eine ähnliche Funktion, die hierarchisch auf andere wirken würde. Aus diesem Grunde entfallen die ansonsten üblichen Kulthandlungen, verehrenden Rituale, Anbetungen und Verneigungen. Der spirituelle Lehrer tritt nur in seiner Funktion in seinem Fachgebiet auf, und das ist die Förderleistung in Unterricht und Meditation zu tieferen Erkenntnissen, geistigen Einsichten, Entwicklung von künstlerischen, ästhetischen und spirituellen Empfindungen, Anleitung von Korrekturen und Demonstration von verschiedenen Übungen, Belebung der schöpferischen Möglichkeiten durch Konzentration und Steigerung der Wahrnehmung und energetische Entwicklung von inneren Seelensubstanzen. Der spirituelle Lehrer ist aber nicht ein Guru, der auf menschliche Weise und in persönlicher Form eine Unterwerfung von seinen Schülern fordern würde, und er ist auch nicht ein Direktor über ein Lehrgebäude, in dem er Angestellte und Bedienstete für sich beanspruchen würde. Wenn auch viele Schüler eine Liebe zu ihrem Lehrer zum Ausdruck bringen, so ist diese Liebe nicht von einem begrenzten und ergreifenden Charakter, sondern mehr der Ausdruck einer gehobenen, inneren Verfassung der Seele, die gleichsam wie eine Antwort auf die verborgene Dimension des Geistes entsteht und nicht von einem universalen Schimmer der Gnade unterschieden werden kann.

Der Schüler bringt dem Lehrer die natürliche Achtung und den natürlichen Respekt und, wenn sie in der Seele entwickelt ist, die innere, aber still bekundete Verehrung für den Geist entgegen. Die Achtung wird in der Gegenseitigkeit des Miteinander-Arbeitens und Kommunizierens als eine wesentliche Haltung und Tugend wertgeschätzt. Eine Gehorsamspflicht wird jedoch von einem Schüler auf dem Weg zu immer größer werdender Bewußtheit nicht gefordert, dies nicht im Hinblick auf den privaten Lebenswandel und dies auch nicht im Hinblick eines verpflichtenden Studiums. Der Schüler betritt mit dem Yoga-Studium nicht einen Orden, in dem er sich hierarchisch nach oben zu höheren Positionen arbeiten könnte oder in den er verpflichtend eintreten müßte um der Teilnahme willen.

Die Beziehungsverhältnisse, die in einer Lehrveranstaltung oder in Studienlehrgängen über längere Zeit hinweg existieren, schränken die Individualität des Suchenden nicht ein. Die Bewußtseinsverfassung der orientalischen Yogins war so sehr anders, so daß die vollständige Aufgabe des Ich dennoch nicht zur Aufgabe der Individualität im Inneren führte. Es war mehr ein äußerer und weltlicher Rückzug, der von dem Meister zum Schüler gefordert wurde, damit eine größere Reinheit und uneingeschränkte Zielsetzung zur Meditation gelebt werden konnte. Würde heute ein Schüler sich ganz einem Lehrsystem oder einem Lehrer unterwerfen, so wäre die Gefahr der Verwechslung von inneren und äußeren Persönlichkeitsstrukturen wohl so groß, daß der Schüler ganz seine Individualität und Schöpferkraft einbüßen würde. Im »Yoga aus der Reinheit der Seele« wird deshalb die Gehorsamstugend auf den individuellen Entwicklungsweg übertragen und somit ganz aus den äußeren, systemorientierten Hierarchien herausgehoben. Das Ziel des Yoga ist auch nicht, wie es das früher einmal war, eine Flucht aus der Welt, sondern ein bewußtes, geordnetes und lichtvolles Hineingehen in die Erscheinungsweise der physischen Wirklichkeit. Die Individualität gilt im Yoga nicht als eine säkulare und globale Einheit, die sich nach menschlichen Erscheinungsformen und Unterschieden definieren würde. Würden nur die äußeren Kriterien nach sichtbaren Persönlichkeitsmerkmalen und Eigenheiten die individuelle Wesensnatur des Menschen beschreiben, so wäre der Mensch als Entität in der Schöpfung nur innerhalb der physischen Verkörperung eine tatsächliche, eigenständige Erscheinung. Der Mensch ist aber in seinem gesamten Wesensbild eine physische, kosmische und höchste einzigartige Gestalt, die in einem unendlichen Werdeprozeß zum Geiste floriert und gerade aus diesem unerschöpflichen Werden zum Geiste seine Individualität bewahrt. Aus diesem Grunde geht der Schüler auf dem Weg des Yoga nicht von einer passiven Erlösung durch Jesus Christus aus und er sucht nicht ein Credo, eine Kirchen- oder Gruppenzugehörigkeit, sondern mehr die Herausforderung des Lernens zu immer wieder neuen Dimensionen der Einsichten in eine schöpferische Wirklichkeit. In diesem Drange des eigenen Wollens nach den hohen Wahrheiten des Geistes entsteht die Belebung der individuellen Fähigkeiten und inneren Seeleneigenschaften, die sich mit Licht neu durchdringen, ordnen und in unendlichen Variationen mehr durch den Körper, den äußeren Träger, zum Ausdruck gelangen. Der Gehorsam verlagert sich deshalb von einem äußeren System hinein in die innere Individualität, die sich im eigenständigen Maße und Werdegang der Entwicklung mit den höheren Gedanken des Geistes austauscht. Mancher wird nur zehn Prozent einer inspirativen Schrift annehmen können, ein anderer vielleicht zwanzig Prozent, und wieder ein anderer wird einer Schrift vollständig zustimmen. Dasjenige Glied, das das Ich des Menschseins darstellt, das sich auch in gewisser Weise in einer gesunden Empfindung des Herzens widerspiegelt, erhält einen lebendigen Zustrom aus der inspirativen Wirklichkeit des Geistes. Der Schüler erhält seine Einzigartigkeit von innen heraus. Er sieht die Einzigartigkeit in den Gedanken und ihren freudigen Erscheinungsformen und belebt sie deshalb über das Lernen. Der Yoga ist in diesem Sinne praktiziert ein Weg, der auf umfassende Weise das Individuelle fördert und den Menschen vor dem Verfall in die Massensuggestionen der Zeit bewahrt.

Inspirative Quellen
auf dem Geistschulungsweg

Zu der Anthroposophie Rudolf Steiners

Dieses umfassende Werk ist ein unendlicher Baum der Weisheit. Die Gedanken von Rudolf Steiner wirken auf die Seele erhellend, klärend, das Licht an der exakt bemessenen Stelle bündelnd. Jene Ausdrücke und Beschreibungen, die Rudolf Steiner benützte, entsprechen sehr feinfühlig der geistigen Wirklichkeit, sie kommen dem übersinnlichen Erleben so nahe wie die Farbe dem Lichte. Rudolf Steiners Aurafarbe ist noch belebter, noch erquickender und erfrischender als diejenige von den ganz großen Heiligen der vergangenen Zeiten, sie leuchtet aus erstrahlendem Goldgelb und leidenschaftslosem Schimmer von Rot. Das Werk ist eine einzigartige Präzision und zugleich in aller Tiefe des zusammenhängenden Wissens wohlverwurzelte Gedankenschöpfung. Die Gedanken sind keinesfalls eine Phantasterei, sondern besitzen in den geistigen Hierarchien eine konkrete Existenz. Es sind Angaben zum Teil aus dem Astralreich und teilweise aus dem Devachanreich. In Rudolf Steiner lebte und wirkte das Ich des Christus. Dieses Ich gibt dem verehrenden Aspiranten den Schlüssel für eine andere Welt, in die er bislang nicht eintreten durfte. Er schließt das Tor der schmerzlichen mystischen Askese und öffnet die Wirklichkeit des Gedankens. Wer in den Schriften der Anthroposophie studiert, nimmt die Fähigkeit des Denkens in formender und bildender Weise auf, er wird sich mit neuen Sinnesgaben für das Leben rüsten, die ihm nicht zum Hindernis für die Spiritualität werden, sondern seine eigene Integrität mit engelsgleicher Freiheit begleiten.

Zu dem »Yoga aus der Reinheit der Seele«

Wer den Ätherleib oder Lebensleib erschauen kann, lernt die ursprüngliche, kraftvolle Dimension der Gedanken kennen, denn diese entspringen aus dem Licht des Äthers. Der Ätherleib besitzt eine vollkommen andersartige Dimension der Wirkung als die Materie. Die Erde ist gewissermaßen eine Konsequenz eines ätherischen Lebensvorgangs. Das Leben ist vor der Erde. Der Christusleib im Äther ist eine schöpferische Wirklichkeit, die die Erde mit einer freundlichen Fülle und Entzückung belebt. Der Christus im Äther bewirkt fortwährend ein Streben nach dem Geistigen, das den Menschen stets über die schwierigen Klippen weiterer Bindungen hinüberführt und ihn vor einem verhängnisvollen Abstieg in die Materie errettet. Er ist tatsächlich im Äthergebilde des Ganzen der Erretter vor der Sünde. Wenn man vergleichsweise die Bilder und Texte des »Yoga aus der Reinheit der Seele« betrachtet, so wird jene ähnliche Regung deutlich, die den Betrachter in seinem Inneren mit einem feinen Schimmer anspricht und ihn ebenfalls aus einer weiteren Bewegung in die Festigkeit der Materie heraus enthebt. Diesem Gefühl kann sich selbst der unempfindlichste Betrachter nicht ganz verwehren. In diesem Sinne sind die Bilder und Texte über die *āsana* weniger technische Demonstrationen, sondern vielmehr ein Ausdruck der Liebe, die ganz aus der Aufnahme des christlichen Ätherleibes resultiert. Die Bilder und Texte sind Meditation und erheben die Seele.

Zu der Synthese des Yoga von *Śrī Aurobindo*

Das Lesen in den Werken von *Śrī Aurobindo* führt das Bewußtsein in eine ehrfürchtige, aufblickende und von allen Anhaftungen sich befreiende und weitende Stimmung. Das Werk ist wie der freie, unberührte Atem. Eine bläuliche, beruhigende Aura entsteht bei jenem, der sich mit Aufmerksamkeit den Zeilen seines Werkes hingibt. Die feine und doch kräftige, blaue Aurenstrahlung ist die Farbe des verwirklichten und reinen Selbst, die Farbe des Heiligen, der höchsten Willens-, Gedanken- und Empfindungskräfte der Seele. Sie ist die Farbe von *Sri Aurobindo*. Das ehrfürchtig sich weitende Bewußtsein, das sich mit der Aufmerksamkeit und Konzentration auf die Person und auf die Werke ergibt, ist ein Ergebnis des christlichen Astralleibes, der wie ein übergeordnetes Sternenmeer, genau genommen wie die Rückseite des Kosmos, hereinstrahlt und in künstlerischen Rhythmen wohlgehalten dem Leser wie eine leitende Himmelsweisung entgegenblickt. Es ist kosmische Musik, rhythmische Melodie, gleichmütige Weite und Unberührtheit von der Sünde, ein sich immer wieder neu belebender und anders entfachender Blick auf das Selbst, den Höchsten, der in keiner der Kompositionen aus dem Mittelpunkt des Joches gerät. Das Lesen in *Sri Aurobindos* Werk inspiriert das Feuer des Willens.

Die Inspirationen und persönlichen Ausstrahlungen dieser drei sehr umfangreichen Werke, die ganz unabhängig voneinander entstanden sind und deshalb alle für sich selbst stehen, weisen eine innere geistige Verbindung auf; der Integrale Yoga, die Anthroposophie und der »Yoga aus der Reinheit der Seele« suchen die Synthese in der Weltschöpfung mit dem höchsten Prinzip, das allgemein mit »Gott« benannt wird. Das Werk des Integralen Yoga spricht primär den Willensaspekt an, die Anthroposophie vorwiegend das Denken und der »Yoga aus der Reinheit der Seele« das Empfinden.

Da es im Laufe einer längeren Entwicklung mit einem Lebenswerk oft zu Stagnationen und einseitigen Lebensauffassungen kommen kann, erscheint die Ergänzung in dieser Dreiheit für ein solides spirituelles Studium sehr sinnvoll. Die Schwerpunkte sollten aber bei einem Lebenswerk bleiben.

Diese Werke regen am meisten jenes erbauende, in Reinheit gegründete Bewußtsein an, das heute zur Erhaltung der Individualität nötig ist. In einer geistigen Schulung darf der Wille und seine einzigartige freie Verfügung nicht aufgegeben, abgelegt oder hingeopfert werden, sondern muß sich in einem Zusammenhang mit der Gnadenwahl des vom Geiste kommenden inspirativen Bewußtseins durchdringen. Die genannten Schriften besitzen in ihrer verschlüsselten Aussage die immanente Transzendenz, die zu einem lebendigen spirituellen Gestaltungssinn im Denken, Fühlen und Willen beim Leser führt.

Empfohlene Literatur
zu konkreten Studienaufgaben

1. Rudolf Steiner:
   Pfade der Seelenerlebnisse
   Wie erlangt man Erkenntnisse der höheren Welten?
   Wege der Übung
   und fachbezogene Themen nach Wahl

2. Heinz Grill:
   Yoga und Christentum
   Harmonie im Atmen
   Die Vergeistigung des Leibes
   Geistige Individuation innerhalb der Polaritäten
   von Gut und Böse
   und nach Wahl

3. *Śri Aurobindo*:
   Die Synthese des Yoga
   Briefe über den Yoga
   und eventuell nach Wahl

Eine *Bhagavad Gītā* und ein Neues Testament, eventuell andere inspirative Werke wie von *Satya Sai Baba (Bhagavad Gītā)*, *Śivānanda* (Bliss Divine), Murdo MacDonald-Bayne (Göttliche Heilung von Seele und Leib).

Die Betonung bei der Schriftenauswahl wird sehr sorgfältig auf die immanente Transzendenz, auf die inneliegende, reine Selbstdimension des göttlichen Geistes, gelegt. Würde diese inneliegende Selbstkraft fehlen, so könnten die Werke nicht die Gestaltungskraft zur Vergeistigung und Verwandlung des Denkens, Fühlens und Willens für einen suchenden Menschen abgeben.

Eine stufenweise Einordnung und Selbstbestimmung eines Suchenden nach geistiger Individuation

Ein Studium der Schriften aus der Anthroposophie, des Integralen Yoga oder des »Yoga aus der Reinheit der Seele«, jeweils in der Originalität der Autoren gehalten, erfordert Zeit und die Entwicklung von Unterscheidungsbewußtsein. In einer Schulung sollte der Weg nicht zu schnell vorangetrieben werden, damit das Selbstbewußtsein auf die notwendige reife und gelöste Stufe emporgehoben werden kann.

1. Stufe

Der Interessent beschäftigt sich mit den oben genannten Schriften. Er versteht die Inhalte noch nicht, hält aber die Texte für wertvoll und respektiert sie als eine Wahrheit des Geistes. Das Studium ist nur in Ansätzen, das Lesen der Texte ungenau, die vorgegebenen Meditations-, Konzentrations- oder Körperübungen werden gelegentlich praktiziert. Das Leben bleibt, so wie es ist. Nach spontanen Bedürfnissen entscheidet der Interessent sich hin und wieder zu einem Vortragsbesuch oder zu einer Teilnahme an einem Seminar oder einer Meditation. Eine Zielsetzung ist noch nicht konkret fixiert.

2. Stufe

Der Interessent beschäftigt sich eingehender mit den Schriften und praktiziert öfters Übungen. Das Leben aber bleibt dennoch in den gleichen Verhältnissen, der Beruf wird nicht verändert. Es besteht aber bereits eine konkrete Zielsetzung zur Spiritualität, die in jener Richtung und Form liegt, die eine Synthese mit dem Geist Christi anstrebt. Dieser Geist, der durch die Schriften und personale Hinwendung auf das Denken, Fühlen und Wollen ausstrahlt, soll als Zielpunkt erreicht werden. Noch besteht eine Notwendigkeit zu Pausen und Unterbrechungen des *sādhana*. Der Interessent aber möchte das Ideal der Liebe und Heiligkeit in der Synthese des empfangenden Geistes einmal in seinem Leben erreichen. Ein Verständnis der Schriften und eine tiefere Unterscheidungsfähigkeit entwickeln sich auf langsame Weise heran. Noch aber bleiben viele Fragen offen.

3. Stufe

Der Interessent bemerkt, daß er durch ein Studium mit Lesen und Absolvierung von Übungen nun keinen Fortschritt mehr macht und entschließt sich zusätzlich zu einer intensiveren Aufgabe, die er in langwierigen und verantwortungsvollen Leistungen verwirklicht. Er bemüht sich um ein Fachgebiet und erstrebt innerhalb der vorgegebenen Gedanken eine Verwirklichung der Imaginationen. Das Leben muß jedoch noch nicht unbedingt beruflich verändert werden, jedoch bemüht sich der Aspirant um die rechte gedankliche Umsetzung in Wort und Tat und lernt die Imaginationen in seinem Leben auszudrücken. Das Ziel liegt in einer geistigen Durchdringung eines Lebensgebietes mit den Wahrheiten der Imaginationen. Fehlt die Ausprägung dieser 3. Stufe und die damit verbundene Opferleistung, kann die 4. Stufe im realistischen Vollzug nicht eintreten.

4. Stufe

Hier beginnt der Yoga der Synthese, in dem eine lebendige Spiritualität durch geistige schöpferische Forschung, verbunden mit den Quellen in die direkte Tat umgesetzt wird. Vielfach müssen die Lebensverhältnisse genau abgestimmt und eine rechte Askese mit Ausschaltung aller schädlichen und hinderlichen Barrieren in das *sādhana* einbezogen werden. Das Bewußtsein muß entgegen vieler gewohnheitsmäßiger Stimmungen und Ängste zu einem konkreten Gedankeninhalt streben. Jener, der auf dieser Stufe angelangt ist, muß sich durch die Kraft seiner eigenen Entscheidungen auf einem höheren energetischen Bewußtseinsniveau bewegen lernen.